Made in the USA
Coppell, TX
20 February 2023

MW01439032

مي

وتر

داستانی مصور برای دورانی آشفته

کارلوس ای. پوئنته

ترجمه: کاوه زمانی

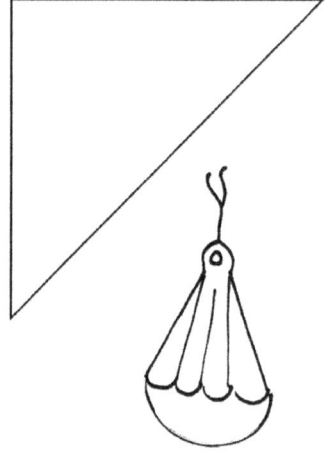

وتر — داستانی مصور برای دورانی آشفته

نویسنده: کارلوس پوئنته

ترجمه: کاوه زمانی

کلیه حقوق برای مؤلف و مترجم محفوظ است.

Cover art and illustrations by Fernando Duarte. Translated by Kaveh Zamani. Second edition revised with the help of Huai-Hsien Huang.

Translated from:

THE HYPOTENUSE
An illustrated scientific parable for turbulent times
Copyright © 2006, 2011 by Carlos E. Puente.
All Rights Reserved.

Scripture texts in this work are taken from the *New American Bible with Revised New Testament and Revised Psalms*, © 1991, 1986, 1979 Confraternity of Christian Doctrine, Washington D.C., and are used by permission of the copyright owner. All rights reserved.

August 2015, First Edition
Printed in the United States of America

ISBN 978-1-5003-9798-2

تقدیم به مریم مقدس

و نیوشاندن آرامش

برای چیره شدن بر خارها

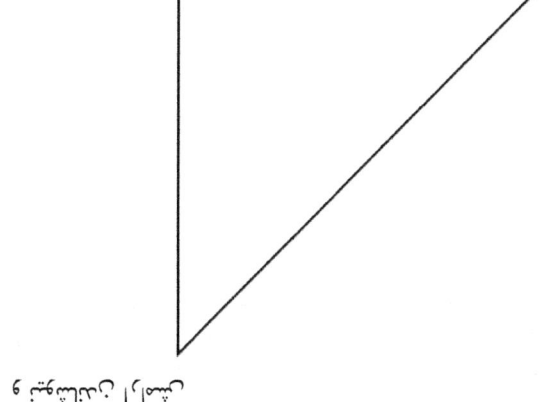

فهرست

xi	پیش‌گفتار
xiii	پیش‌گفتار چاپ اول
xv	مقدمه مترجم
xvii	پیش‌درآمد
۱	**اندکی تاریخ ...**
۳۷	**اندکی ریاضی ...**
۶۵	**اندکی فیزیک ...**
۷۵	**اندکی خِرَد ...**
۹۵	پس‌درآمد
۹۷	راه حل
۹۹	وتر
۱۰۵	۶۰۹
۱۱۱	$Y = X$
۱۱۷	سپاسگزاری
۱۱۹	یادداشت‌ها
۱۳۱	واژه‌شناسی

«صدای کسی که در کویر بانگ برمی‌آورد:

راه پرودگار را آماده کنید،

راهش را هموار کنید.

تمامی دره‌ها پر خواهند شد

و تمامی کوه‌ها و تپه‌ها پست خواهند شد.

جاده‌های مارپیچ راست خواهند شد،

و راه‌های ناهموار مسطح خواهند شد،

و تمامی تنابندگان رستگاری الهی را شاهد خواهند بود.»

برگرفته از نطق جان باپتیست

انجیل لوقا ۶-۴ :۳

پیش‌گفتار

در جهانی که از هر هفت نفر، یکی در گرسنگی زندگی کرده (که بر اساس آمار سال ۲۰۱۰ این رقم برابر با ۹۲۵ میلیون تن از خواهران و برادران ما است)، و تقریباً ۵۰٪ افراد با کمتر از ۲٫۵ دلار در روز و حداقل ۸۰٪ از انسانها با کمتر از ۱۰ دلار در روز زندگی می‌کنند، این پندنامه از این سر گفته می‌شود تا شاید بتواند کمکی باشد برای بهتر فهمیدن تأثیراتی که علی‌رغم سادگی، به‌طوری فزاینده مشکلاتی را رقم می‌زنند که ما امروزه با آنها روبرو هستیم — مشکلاتی که به‌طور مشخص نمی‌توان آنها را بدون همکاری همگانی حل نمود.

در این زمانه که شهروندان جهان روز به روز آگاهی بیشتری از نابرابری ثروت پیدا می‌کنند، نابرابری که به پیدایش مخالفت در برابر ۱٪ پردرآمدترین‌ها انجامیده، امیدوارم که این کتاب یادآوری باشد از ضمیر مهربانانه‌ای که درون همه ما هست — فارغ از اینکه در سمت ۹۹٪ قرار داریم یا ۱٪ — تا شاید بتوانیم همگام با هم به مشکلاتی بپردازیم که ما را از هم جدا می‌کنند.

این نسخه از این پندنامه جدا از چند تغییر جزئی، تقریباً به طور کامل مطابق نسخه اول است؛ به طور مشخص، توضیح در باب راه حلی که دنبالش هستیم، از یک پانویس کوچک قدری بسط یافته که بعد از پس‌درآمد، در فصلی جداگانه آمده است.

۸ دسامبر ۲۰۱۱، شهر دیویس کالیفرنیا

در جشن باکرگی مریم

پیش‌گفتار چاپ اول

بی‌شک ما در دوران دشواری زندگی می‌کنیم. پس از جنگهای قرن بیستم، و شایعه جنگهای دیگر، نسل‌کشی‌ها، قحطی، گروه‌های تروریستی، فساد، ورشکستگی بازارهای مالی، استفاده از مواد مخدر، و فقر وسیع، به نظر می‌آید که انسانیت دارد به همان سمت و سویی می‌رود که در قرن پیش رفته بود. با وجود نیت پاک بسیاری از مردم، مبارزه برای قدرت در سرتاسر دنیا، اتحاد مردم را درهم شکسته و بسیاری را به ناامیدی و بی‌تفاوتی رهنمون شده است. متأسفانه، علی‌رغم گذشت زمان، صلح واقعی همچنان دست‌نایافتنی می‌نماید.

از سویی دیگر، جدا از مشکلات فعلی انسان امروز، پیشرفت علم و تکنولوژی در قرن گذشته زندگی ما را دگرگون ساخته است. در سالیان اخیر، این دانش باعث برآمدن ایده‌های زیادی شده است که هدف نهایی آنها فهم و پیش‌بینی کردن پیچیدگی‌های طبیعت است، به خصوص آنهایی که بر اثر تلاطم به وجود می‌آیند. این نوشته نشان می‌دهد که چگونه چنین ایده‌هایی به ما چارچوبی بی‌غرض را برای مجسم کردن پویایی و پیامدهای حرکات تفرقه‌افکنانه انسانها خواهند داد؛ ایده‌هایی که همراه با مَشی منطقی و همساز با آگاهی تاریخی، بشر را به سمت وضعیتی دوستانه و متوازن سوق می‌دهد. این وضعیت که به شکل وتر یک مثلث قائم‌الزاویه نمادینه شده، محملی است برای به دست آوردن صلح.

امیدوارم که این کتاب باعث گسترش آگاهی در مورد طبیعت همگانی شرارتی شود که با آن روبه‌رو هستیم و نیز الهام‌بخش حرکتی متحد شود تا شاید بتوانیم در جهانی به راستی سرشار از محبت زندگی کنیم.

۱۵ /اوت ۲۰۰۵، شهر دیویس کالیفرنیا

در جشن صعود مریم به آسمان

مقدمه مترجم

ترجمه کتاب وتر، داستانی مصور برای دورانی آشفته، به محضر خوانندگان فارسی زبان تقدیم می‌شود. اینجانب در دوره دکترا از شاگردان پروفسور کارلوس پوئنته بودم. ایشان از فارغ‌التحصیلان برجسته دانشگاه ام آی تی، هیدرولوژیست و ریاضیدان، و عضو افتخاری انجمن بین‌المللی سیستم‌های پیچیده و آفرینش هوشمند (ISCID) است.

این انجمن جهت ترویج عقاید خداباوری در مقابل دیدگاه‌های ماتریالیستی و سرمایه‌داری تلاش می‌کند. کتاب فوق سعی دارد سجایای انسانی، مانند عدالت را با کمک مفاهیم ریاضی بیان کند. پوشیده نیست که کتاب با توجه به مسلک نویسنده (مسیحی-کاتولیک) با دیدگاه متاثر از مسیحیت نگاشته شده و از این رو، ممکن است برخی مفاهیم کتاب برای خوانندگانی که دین یا مرام و مسلکی دیگر دارند غامض باشد. لیکن از آنجا که نویسنده می‌کوشد پلی بین ریاضیات و مفاهیمی مانند عدالت برقرار سازد وقوف بر افکار او برای کلیه افراد اعم از مسلمانان، کلیمیان، مسیحیان و خداناباوران مفید خواهد بود.

کاوه زمانی

شهر دیویس کالیفرنیا

فروردین ۱۳۹۴

پیش‌درآمد

این داستان بر اساس یک مدل ساده ریاضی به اسم آبشیب‌های مضربی پیاده شده، که به طور مداوم، یک مقدار ثابت را تقسیم و بازپخش می‌کنند. این داستان، تکامل تدریجی آبشیب‌های مضربی را دنبال نموده و شباهت عجیب این پویایی را با منش‌های برتر (و پَست) معمول انسان‌ها نشان می‌دهد؛ منش‌هایی که ما را به سوی "تلاطم" در مراحل مختلف زندگی، در روابط شخصی، در درون خود، در اجتماع، در کشورهایمان، و در این جهان هدایت می‌کنند.

این داستان در چهار قسمت اصلی تنظیم شده است: تاریخ، ریاضی، فیزیک، و خِرَد، که هر یک به بخش‌های کوچکِ قابل هضم تقسیم شده‌اند. در این داستان مصور، آدم‌ها با قرار گرفتن روی نمودارهای ریاضی به بیان بهتر پیام‌های اصلی کتاب کمک می‌کنند. به منظور جذب بخش گسترده‌تری از خوانندگان، جزئیات ریاضیات تخصصی از متن اصلی حذف و به آخر کتاب منتقل شده است. خواننده می‌تواند در خوانش اول از این توضیحات بگذرد، ولی توصیه می‌کنم که بعدتر نگاهی به آن‌ها بیاندازد، چرا که در این نکته‌ها به غیر از منابع مهم، اطلاعات جالبی نیز وجود دارد که به شفافیت بیشتر متن کمک کرده و پیام اصلی را بهتر می‌رساند.

به عنوان نتیجه‌ای برای این داستان، این حکایت دارای پس‌درآمدی است که جواب بیشتر مسائل را توضیح می‌دهد. این حکایت همچنین دارای سه شعر است: "وتر"، "۶۰۹"، و "$Y = X$".

اندکی تاریخ ...

۳

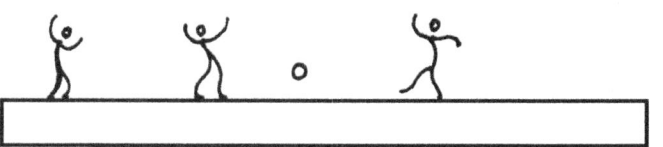

یکی بود یکی نبود، در زمانی نه چندان دور، سادگی فرمانروایی
می‌کرد، تعادل قانون بود، و زندگی بهشت. مردم شنوا بودند و
می‌توانستند آزادانه از جایی به جای دیگر نقل مکان کنند، چرا که در
همه چیز با هم شریک بودند.

٥

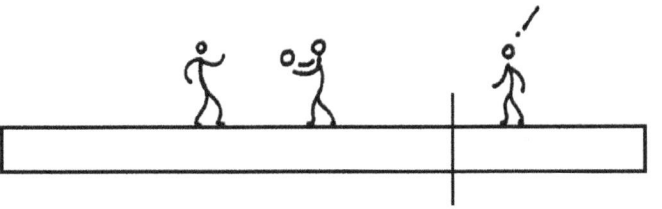

ناگهان بعضی گول فریبی نامحسوس را خوردند. آنها پنداشتند که راه بهتری نیز وجود دارد: که آنها حقشان بیشتر از دیگران است - درنتیجه آنها برخی را به عنوان دوست برگزیده و چهره طبیعی زندگی را با خطی به هفتاد درصد و سی درصد تقسیم کردند.

به زودی خواهید دید که انتخاب عدد ٧٠٪ انتخابی بی‌دلیل نیست.

آنها مقطع بزرگتر (قسمت اول) را از وسط نصف کرده و بر روی هم قرار دادند و آن را برای خودشان نگاه داشتند، و مقطع کوچکتر (قسمت دوم) را به بقیه دادند.[۱]

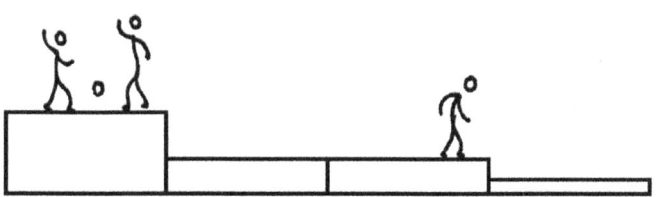

با گذشت زمان، این روند از هر دو طرف با همین تناسب تکرار شد به نحوی که زمین به چهار قسمت تقسیم گشت. پس منابع موجود به مقدارهای زیر از چپ به راست مجزا شدند:[۲]

۴۹٪ (۷۰٪ از ۷۰٪)،

۲۱٪ (۳۰٪ از ۷۰٪)،

۲۱٪ (۷۰٪ از ۳۰٪)، و

۹٪ (۳۰٪ از ۳۰٪).

۱۱

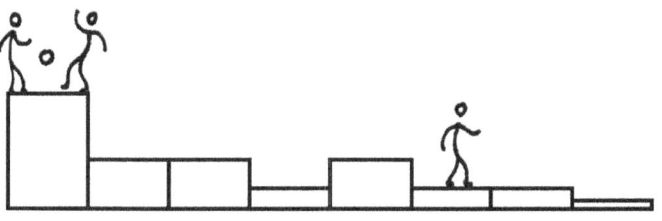

در مدت زمان کوتاهی، با جا افتادن اینگونه رفتار رقابت‌آمیز، هشت گروه به وجود آمد که به چهار لایه طبقه‌بندی شده بودند.[۳] زندگی در بالاترین لایه خوب بود، ولی مسافرت، گفتگو، و تبادل نظر کردن داشت مشکل‌تر می‌شد، چراکه فواصل عمودی بین لایه‌ها در حال افزایش بودند.

۱۳

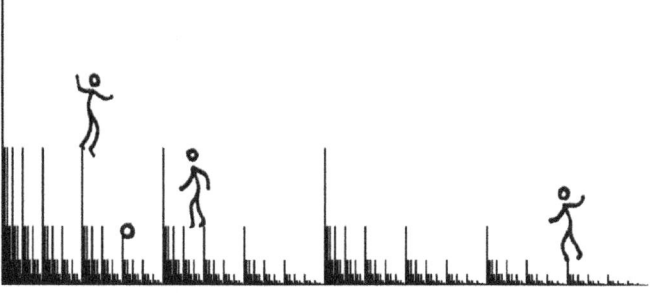

با **افزایش** روند این تقسیم‌بندی‌ها، این مجزاسازی تکه‌پاره‌های بسیاری را آفرید (بعضی حتی به کوچکی یک انسان) که منابع و دارایی آنها به صورت تکراری بر روی هم انباشته شده بودند.[۴]

هنوز لختی نگذشته بود که نسبت عمودی نمودار، برای یک زنجیره دوازده باره از این برهم‌نمایی[۵۶] بار بزرگتر از خط تراز شد. در حالی که این نمودار در اینجا به طور فشرده نشان داده شده تا بتوان در صفحه کاغذ جایش داد و افراد بزرگتر نشان داده شده‌اند تا بسیار ریز دیده نشوند.[۵]

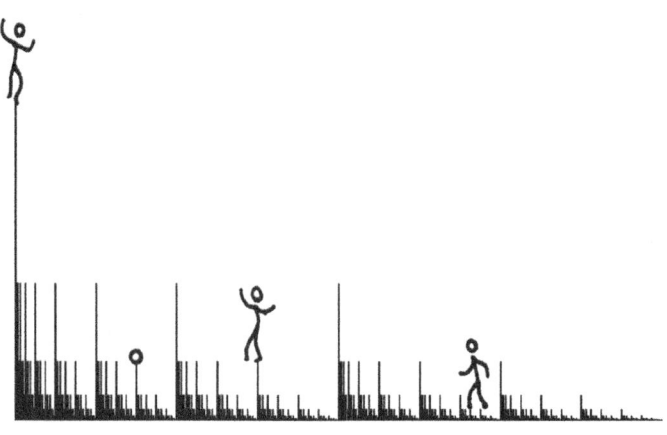

متأسفانه این زنجیره ناعادلانه باعث پیدایش انزوایی ناخواسته و ازدیاد شک و تردید شد و از سویی دیگر، بدگمانی را میان مردم ایجاد کرد. همچنین بسیاری از ثروت موجود، تنها در چند **نقطه** محدود متمرکز شد.

به طور مثال، پس از ۱۶ دوره تکرار، ۲۰ درصد ثروتمندتر جمعیت ۸۰ درصد امکانات را در اختیار دارد — عددی که معمولاً در مباحث مربوط به نابرابری ثروت به آن اشاره می‌شود.[۶]

۱۷

با افزایش عدم تعادل، سرانجام آنچه که اجتناب‌ناپذیر بود رخ داد: انقلابیون، در کشورهایی که بیشترین عدم توازن توزیع را داشتند، تصمیم به شورش گرفتند تا برابری را به جهان بازگردانند.

۱۹

اینجا هم، دروغی دیگر، به نامحسوسی دروغ اول، در بسیاری از مردم
توهم ایجاد کرد: رهبران فکر می‌کردند که زندگی فرد در برابر آنچه
که به سود کشور است ارزشی ندارد. این باور باعث شد که مُدل
دلخواه را از وسط به دو بخش مساوی تقسیم کنند.

۲۱

با تقسیم مساوی دورنما به چپ و راست، صداهای مخالف (که در اینجا به صورت تمثیلی به یک سوم وسط محدود شده)، دیگر نمی‌توانند با هم در بازی زندگی مشارکت کنند.[7]

همچنان که بعدتر خواهیم دید، اندازه دقیق این فاصله و یا مکان مرکزی آن، در کل داستان ما تغییری ایجاد نمی‌کند.

۲۳

با پیاده شدن مساوات اجباری در جامعه، به اجرا گذاشتن این ایده باعث انزوای بیشتر دیدهای مخالف و افزایش پوچی در چنین جوامعی شد. همزمان با حرکت مردم به سمت بالا در "دورنمای عمومی"، متأسفانه، تردید و ترسِ آنها نیز افزایش یافت.

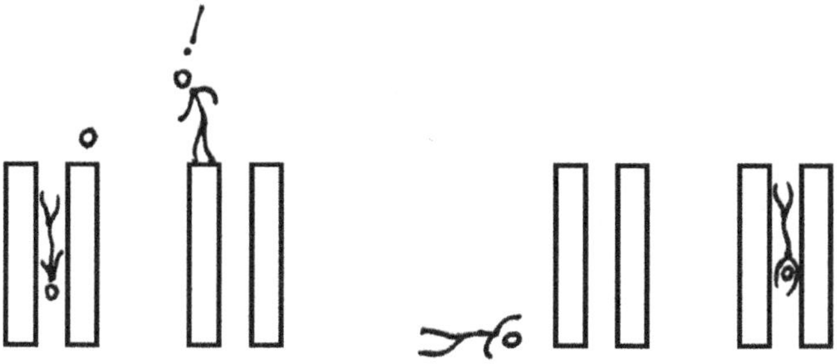

۲۵

ناگزیر، همانطور که با دروغ اول اتفاق افتاد، دوستی بین مردم با گذشت زمان دوباره از بین رفت. بسیاری از افراد توسط این تقسیم‌بندی تبعیض‌آمیز به سادگی به حاشیه رانده شدند و همانطور که پیش از آن نیز اتفاق افتاده بود، فاصله بین افراد بیشتر شد.[8]

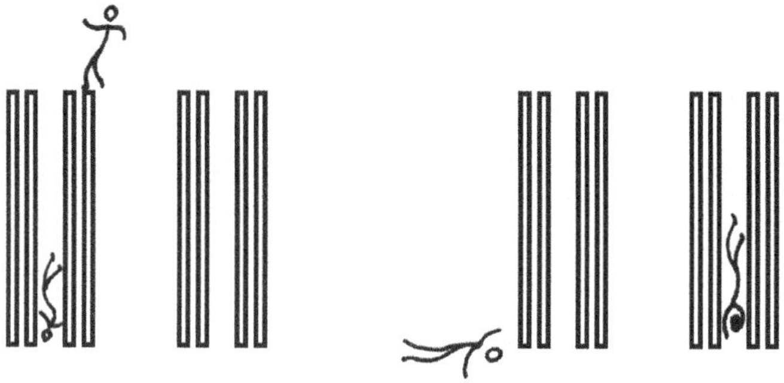

۲۷

سرانجام (برای جلوگیری از کابوس برای خوانندگان جوانترمان، این
نکته را به تصویر نکشیدیم) این مناطق فقیرتر شدند و این جدایی
حتمی، اعضای گروهها را (هرچند شاید نه منابعشان را) بر تیغههایی
برابر ولی پراکنده متمرکز کرد. جوامعشان انسجام خود را از دست
داد و آنها چنان از هم فاصله گرفتند که گویی تیغههایی بودند که با
هم هیچ تماسی نداشتند.[۹] برخلاف انتظار (ولی در واقع به صورتی
قابل پیشبینی)، بالاخره روزی فرا رسید که بعضی از این کاخهای
ماسهای فرو ریختند.

هنگامی که چنین زنجیرهای تنها ۱۲ بار تکرار شود، مستطیلهای
حاصله به راحتی بیشتر از ۱۲۹ بار از خط تراز بلندتر خواهند بود.[۱۰]

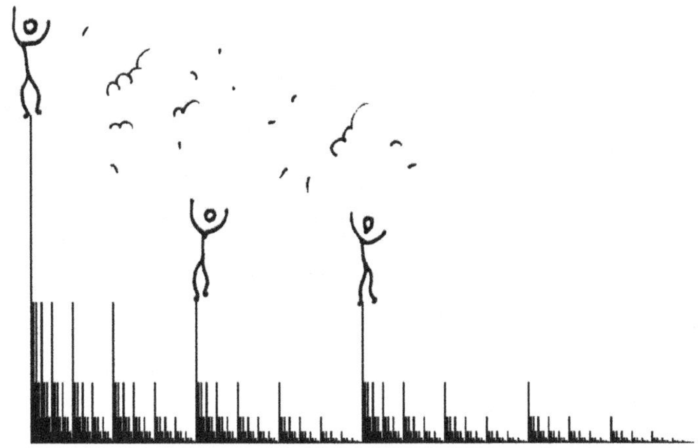

۲۹

براى سالهاى متمادى، سوال این بود که "کدامین آبشیب، حاکم جهان خواهد بود؟" رهبران جهان شکست این آزمون همگانى را پیروزى تلقى کرده و اعلام نمودند که راه پیشنهادى ایشان بهترین راه حل در این دنیا است.

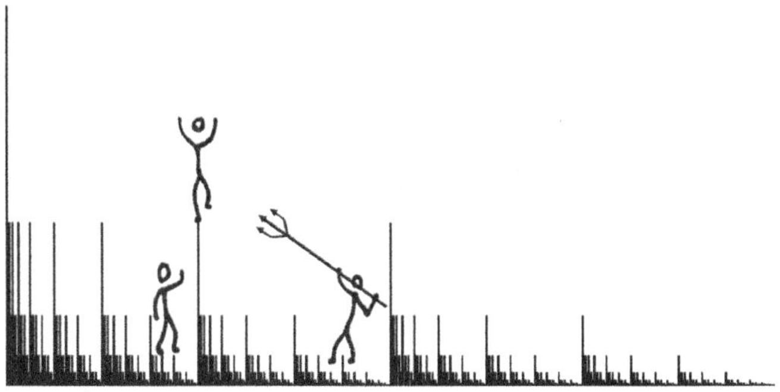

با اینکه بسیاری با آغوش باز به پیشواز این ادعای باشکوه رفتند، شهروندان جهانی چه در درون و چه در بیرون جامعه، متوجه شدند که آن دروغ اول، آن مدینه فاضله‌ای نبود که به آنها وعده داده شده بود. چرا که آن رقابت مادی روزافزون، لزوماً بهترین حالت "هستی" نیست، زیرا اغلب با خود خشونت و فلاکت را به همراه دارد. حتی برای کسانی که برندگان بازی هستند.

به طرز شگفت‌آوری، یک آبشیب ساده با ۲۰ سطح و با تناسبی که پیشتر بیان شد، با توزیع ناهمگون ثروت در *ایالات متحده آمریکا* همخوانی دارد.[11]

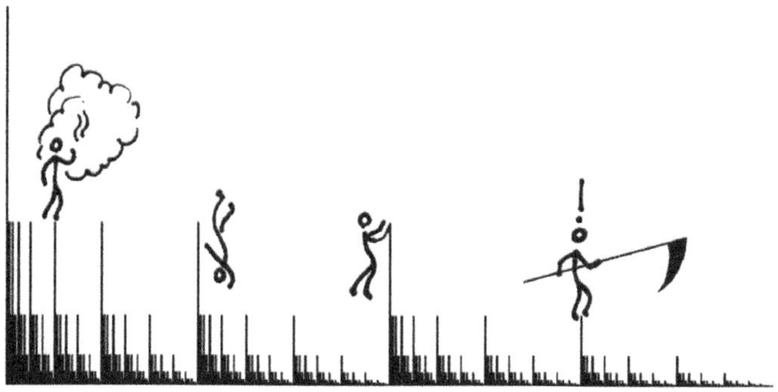

و توزیع ناعادلانه ثروت در آمریکا به این دلیل است که علی‌رغم حسن‌نیت افراد و پیشرفت دانش، خودخواهی ناشی از این بازی که فقط به بیشینه‌سازی سود می‌اندیشد، به ایجاد دیوارهایی بلند و دست نیافتنی منجر می‌شود که جلوی نور محبت را خواهد گرفت و در نتیجه، بسیاری از مردم به منظور فرار از این واقعیت که دارند "بر روی تیغه‌ها راه می‌روند"، به استفاده از مواد مخدر و سایر راه‌های زایل‌کننده اندیشه روی آوردند.[۱۲]

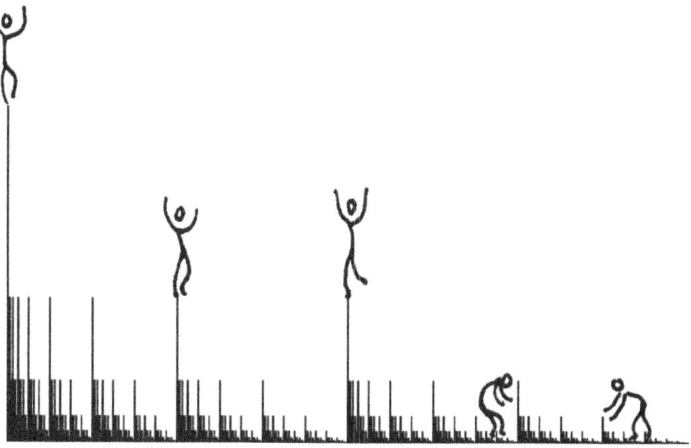

۳۵

دورنمای آینده رعب‌انگیز است، چرا که آبشیب پیروز، در لایه‌های خود همان اجزای پراکنده تیغ‌های افتاده را در بر دارد.[۱۲] اگر که تشکیلات متعالی بتواند بنا بر هدف نخستین بشر به طور جهانی بسط پیدا کند، آنان که توانمندند بیشتر خواهند داشت و آنانکه کمتر دارند حتی از آن هم کمتر خواهند داشت، و پوچی و غبار همه جا را در بر خواهد گرفت ... .[۱۴]

تراز عمودی یک زنجیره دارای ۳۰ سطح، هم‌اکنون بیشتر از ۲۴۲۰۱ بار بلندتر از خط تراز است.

اندکی ریاضی ...

۳۹

برای درک بهتر زیرکی دو دروغ فوق‌الذکر، بهتر است که "انباشت ثروت" را در زمانی که ناظری که از چپ به راست عبور می‌کند در نظر بگیریم، از آغاز تا نقطه اختیاری x.

همانطور که اینجا برای آبشیب متمایزکننده نشان داده شده، ۵۰٪ منابع در فاصله صفر تا $x = ۱/۳$ قرار دارد، و همینطور برای تا نقطه ۲/۳، چرا که بازه یک سوم میانی تهی است.

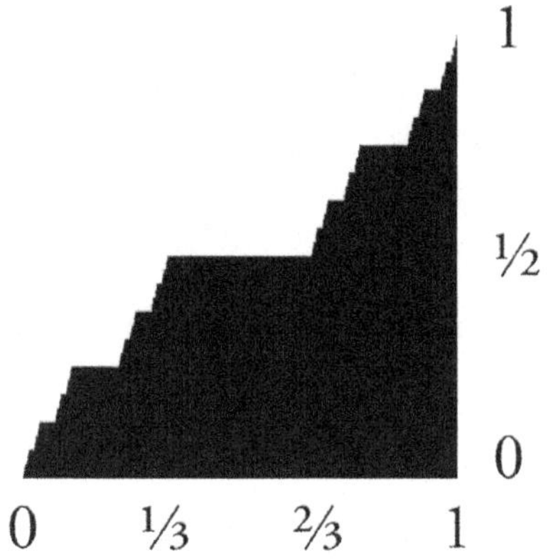

٤١

زمانی که ثروت انباشته شده را به صورت تابعی از x به نمایش درآوریم، نمودار بالا به دست می‌آید. چنین بازه‌ای قسمت‌های مسطح زیادی دارد که به فاصله‌هایی اشاره دارند که در آنها منابعی وجود ندارد.

برای نمونه، خطی راست در ارتفاع ۱/۲ محور عمودی، بین یک سوم تا دو سوم در صفحه قبل به وجود آمده، و به همین روال برای موارد بعدی نیز ادامه می‌یابد.

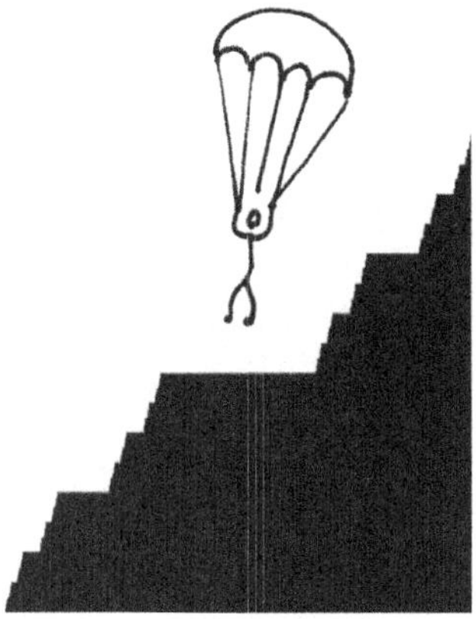

٤٣

این مورد عجیبی است، به این دلیل که اگر کسی بخواهد با چتر روی این سطح صاف فرود آید، هنگام فرود فکر می‌کند که زمین زیر پای‌اش هموار است.[15] از آنجا که این سطح به طور محلی در تمامی نقاط افقی است، طول این مرز ناهموار، از پایین تا بالا برابر با ٢ واحد است، یعنی یک واحد افقی برای تمامی سطوح صاف، به علاوه یک واحد عمودی، چنانکه جمع تمامی منابع با هم برابر با ١٠٠٪ است.[16]

٤٥

این مجموعه، که با فریبندگی ظاهری ثابت و یکنواخت را در خط
تعادل نشان می‌دهد، در علوم، ریاضی و مهندسی به عنوان **پلکان
شیطان** مشهور است. چنین پلکان‌هایی را می‌توان در هر جایی که
چاله‌هایی با **هر اندازه** تکثیر می‌شوند مشاهده کرد، البته هر جا که
مقدار مثبت آن به غیر از یک سوم باشد.[۱۷]

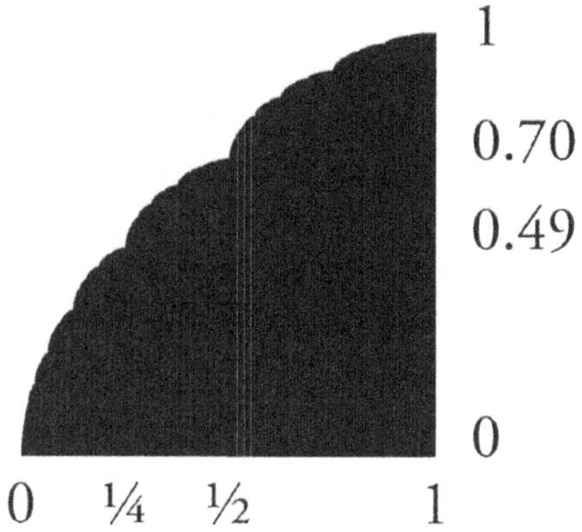

٤٧

برای آبشیب نامتعادل، ثروت انباشته شده به شکلِ نمودار بالا خواهد شد که در آن دندانه‌های بسیار نمایانگر زنجیرهای برهم انباشته و یا گسترده شده هستند.

به طور مثال، ٧٠٪ از منابع انباشته شده، بین صفر تا $x = 1/2$ قرار دارند (بزرگترین دندانه)، ٤٩٪ از منابع تا نقطه‌ی $x = 1/4$، و همین‌طور الا آخر.

٤٩

از آنجایی که تمامی این تیغه‌ها در عمل افقی-عمودی هستند، طول
واقعی "ابر" پدید آمده هم، که به طور جالبی همانند ابری است که از
یک انفجار به وجود آمده، برابر با ۲ واحد از پایین تا بالا است.

۵۱

این نمودار هم به طور محلی مسطح است، چون آن دروغ ضمنی در واقع تمامی منابع را در همه جا از هم فرو می‌پاشاند. این نمودار، پلکان شیطانی دیگری است و زمانی رخ می‌دهد که عدم تعادل‌ها، با **هر نسبتی**، ادامه یابند.[۱۸]

۵۳

وقتی که دیگر هیچ گونه عدم تعادل و یا چاله‌ای وجود نداشته باشد، آن زمانی است که به قول معروف تقسیمی "پنجاه-پنجاه" به دست آمده، از دروغها جلوگیری شده و تعادل نیز حفظ شده است.

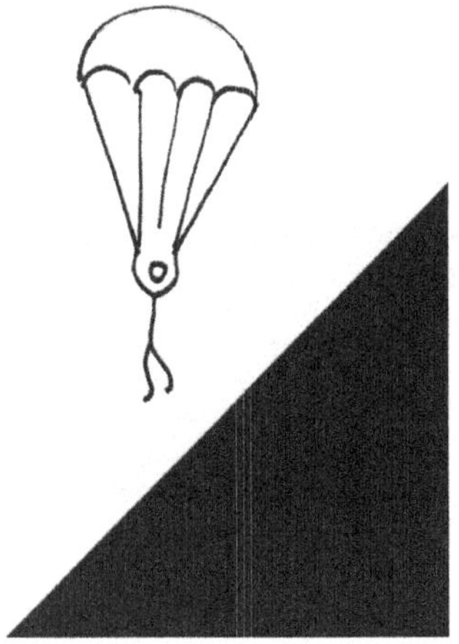

این حالت آرمانی باعث انباشته شدن ثروت به طریق خطی شده که در بالا و پایین دو نقطه نمودار را به هم وصل می‌کند، به طوری که کوتاه‌ترین مسافت بین دو نقطه به دست آید:

$$\sqrt{\Upsilon} \approx \text{۱٫۴۱۴۱...}$$

همان قضیه مشهور فیثاغورس.

در نقطه تراز، ۵۰٪ از منابع بین ۰ = x تا ۱/۲ = x قرار داشته، و ۲۵٪ از منابع بین ۰ = x و ۱/۴ = x، و مانند آن.

در حالی که خط تعادل به طور مستقیم از **وتر** می‌گذرد، دو خط آبشیب، بی‌توجه به عدم تعادل‌ها و چاله‌ها، در نهایت از راههای کج از **رئوس دو ضلع** یک مثلث قائم‌الزاویه می‌گذرند. در حالی که تعادل واقعی، مقرون به صرفه‌ترین راه را دنبال کرده، دو دروغ گفته شده نه تنها راهی طولانی‌تر بلکه بلندترین (و غیر اقتصادی‌ترین) راه را طی می‌کنند.[۱۹]

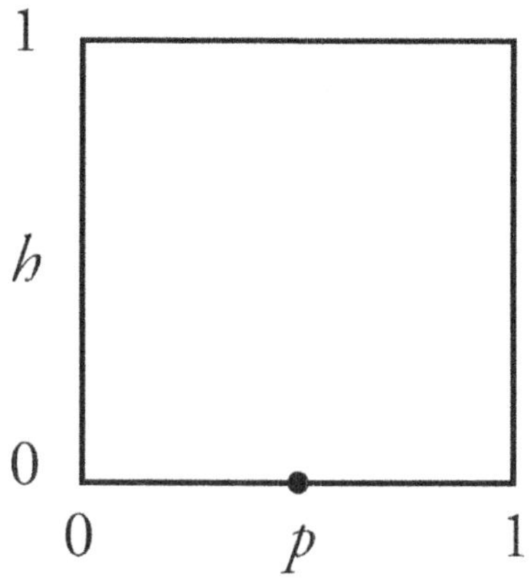

1

h

0

$0 \qquad p \qquad 1$

هنگامی که به قصد ایجاد آبشیب‌های بیشتر، که عدم تعادل‌ها (p) و چاله‌های (h) مربوط به خود را دارند، دو پیش‌انگاشت متمایز را با هم ترکیب کنیم، چنانکه ما انسانها اغلب این چنین می‌کنیم، گروههای جالبتری از ابر و پلکانهای شیطانی به دست خواهیم آورد.[۲۰] همچنان که اینجا می‌بینیم، تنها **یک نقطه** درون یک مربع احتمالات وجود داشته که به حداقل فاصله ($\sqrt{۲}$) می‌انجامد.

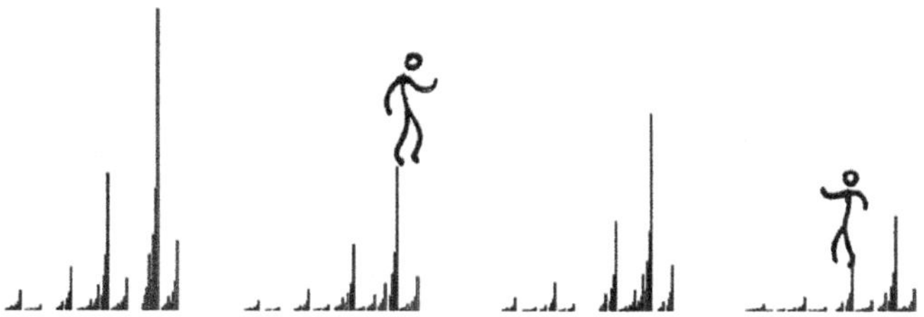

٦١

تصویر این موضوع، اما از این هم جالبتر است، چرا که خط تعادل را می‌توان به دو و یا چندین قسمت خرد کرده و اندازه عدم تعادل‌ها و چاله‌ها را می‌شود به طور تصادفی در بازه‌های زمانی مختلف انتخاب نمود. این مکانیزم عمومی، که بازتاب بهتری از حالات همیشه در حال تغییر ماست، همچنان نتیجه‌ای جز تیغه‌هایی تیز در زمین نخواهد داشت.

همانند قبل، نموداری که اینجا مشاهده می‌کنید به شکل فشرده بوده و آدم‌های روی آن بزرگتر نشان داده شده‌اند، چرا که نسبت عمودی نمودار این مسأله که ۸ سطح دارد، بیشتر از ۵۱ بار بلندتر از خط تراز است.

٦٣

چنین منظری، به گونه‌ای یکنواخت، یک مرز محلی مسطح و پیچ در پیچ از بیشترین انباشت منابع را ایجاد کرده و اینچنین است که "پلکان شیطانی" دیگری به وجود می‌آید؛ نامی مناسب با در نظر داشتن خصلت‌های تفرقه‌افکنی که آن را به وجود آورده‌اند.

اندکی فیزیک ...

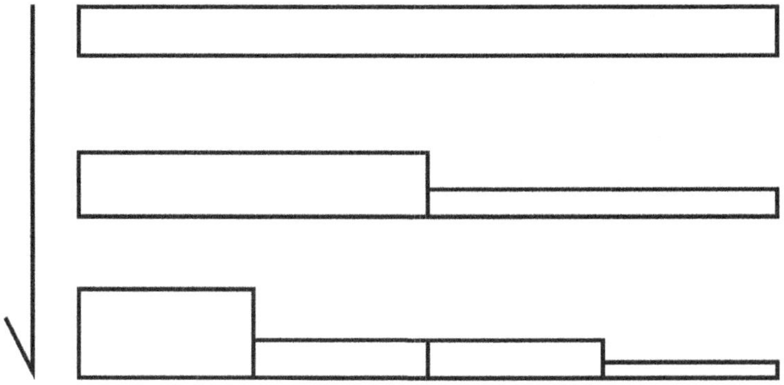

٦٧

پیشرفت تکنولوژی در سالهای اخیر، این امکان را به ما داده تا فرآیند خرابی‌های در حال پیشرفت را تشخیص دهیم. این خرابی‌ها دقیقاً در نقطه ٧٠٪ رخ می‌دهند. شبیه به این فرآیند، در طوفانهای جوی به وسیله قدرت هوا رخ می‌دهد.[٢١]

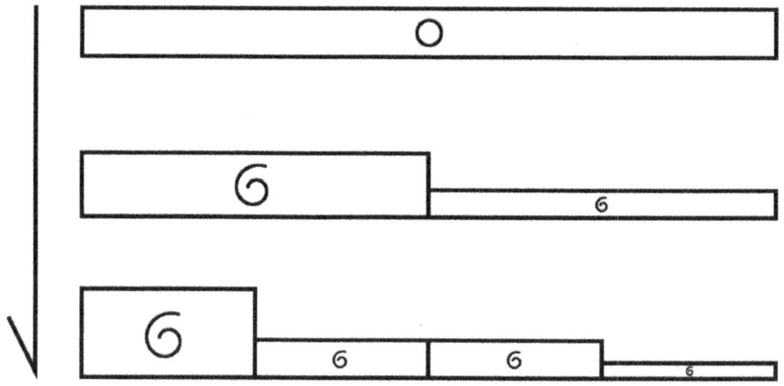

٦٩

هنگامی که انرژی هوا از یک حد آستانه بگذرد، یکنواختی درونی آن
از هم پاشیده شده و به صورتی ناپایدار به جریان می‌افتد. این جریان،
آشفتگی تکامل‌یافته نام دارد.[٢٢] آن چیزی که دیده می‌شود، در همه
حالات مانند آبشیب چرخشی درونگرای **گرداب‌هایی** است که به
قسمتهای کوچکتری تقسیم شده و مقادیر مشخصی از انرژی را همان
گونه که در بالا نشان داده شده (به مراحل پایین‌تر) انتقال می‌دهند.
پراکندگی این انرژی با آن دروغ اول همخوانی دارد.[٢٣]

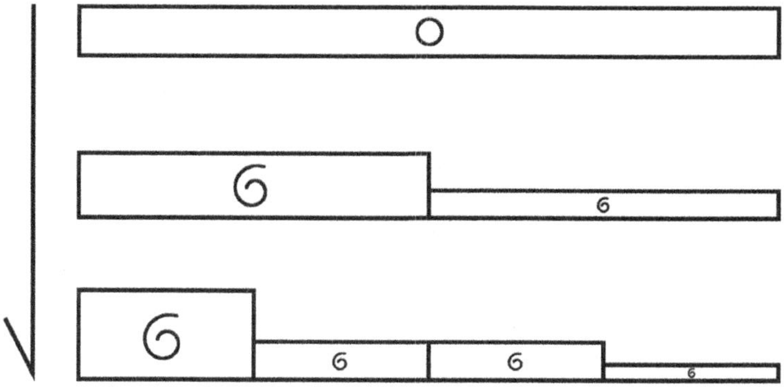

این حالت طبیعی، برگرفته از نسبت نمادین ۰٫۶۶۶... = ۲/۳ [۲۴] بوده و پدیده‌ای معمول در جهان است.[۲۵]

دست آخر در کوچکترین پله‌ها، تمامی انرژی این تلاطم توسط گرداب‌هایش **مستهلک خواهد شد** و تمامی تلاطم‌ها به صورت حرارت متلاشی شده و همچون غباری فرو خواهند نشست.[26] این چرخه گرداب‌ها و خشونت، هر گاه که ممکن باشد دوباره از سر گرفته می‌شود.

... مَعَ جُثَّةِ إِمرأَة!

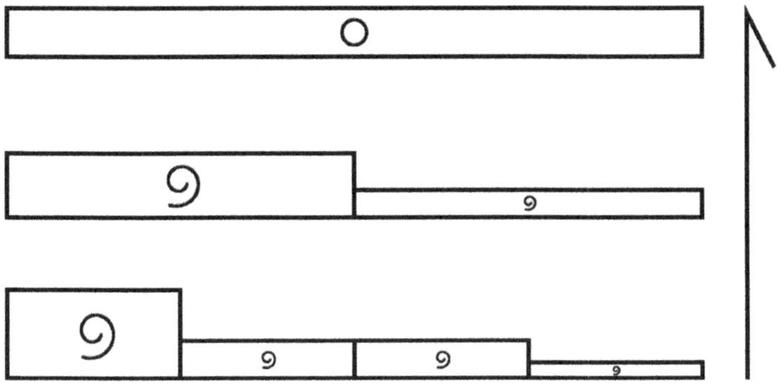

همچنان که آشفتگی و استهلاک تلاطمِ طبیعی همساز با آبشیبی
ساده رخ می‌دهد، شاید بتوانیم از این پندارِ عمومی پند گرفته و
روش‌مان را **تصحیح** کنیم تا از به هلاکت رسیدن خود جلوگیری
نماییم. چرا که هرچند ممکن است کمی آشفتگی برای ساختن
سرشتمان مفید باشد، ولی هوشمندانه‌تر آن است که آرام‌تر حرکت
کرده تا از افتادن در دام گرداب‌های مخرب فرار کنیم.

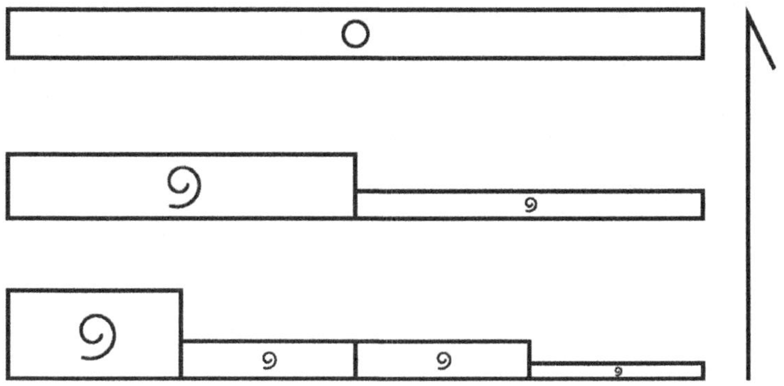

روشن است که همه چیز به گزینش‌های ما وابسته است، چرا که ما
می‌توانیم از حد آستانه نگذریم و بادبانهایمان را چنان سوق دهیم که
بتوانیم بر خلاف جهت آبشیب حرکت کرده، کوه‌ها را در هم شکنیم
و دره‌ها را پر کنیم و رخنه‌ها را مرمت کنیم تا بتوانیم بار دگر به
وحدت برسیم.[27] همچون حالت باشکوه، ۰٬۹۹۹... = ۱.[28]

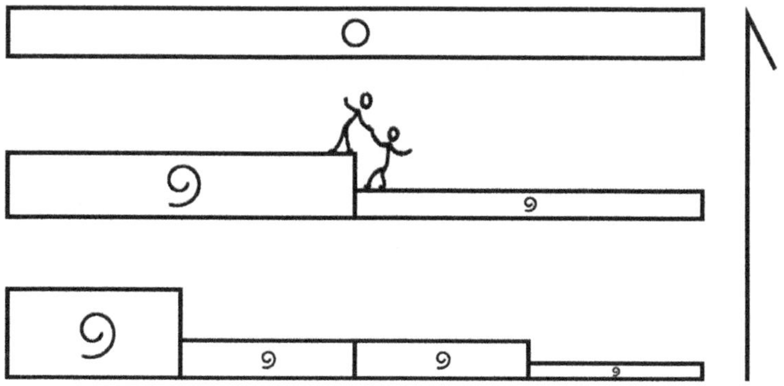

۸۱

ما می‌توانیم با تکیه بر انرژی اخلاقی خود، راه مارپیچ درون‌گرا، خودخواه، و منفی را به راهی ساده، برون‌گرا، مهربان و مثبت تبدیل کنیم،[۲۹] و از این طریق، از زیر بار سیاهی پیش‌بینی شده بین ۶ و ۹ بپرهیزیم.[۳۰] چون هنگامی که گرداب تفرقه‌انداز به دنبال انتقام است، آن که فروتن است با نگاه به آینده، سایرین را می‌بخشد.[۳۱]

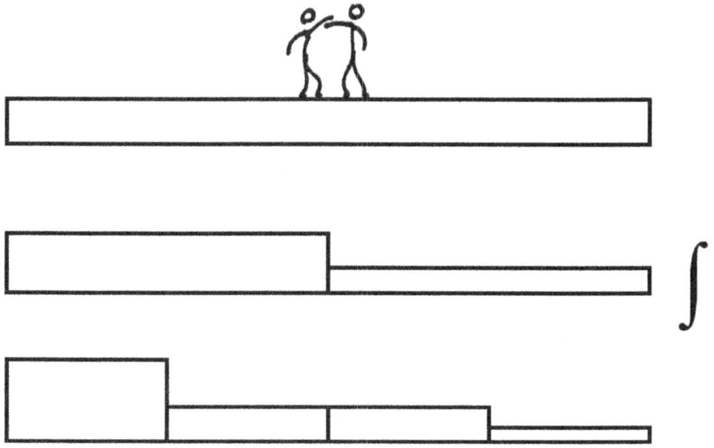

۸۳

با داشتن روحی انسانی، ما این امکان را داریم تا خشونت را دگرگون
کرده و به آرامش برسیم، بی‌تفاوتی به همنوع را به همدلی تبدیل
کرده، انزوا را به دوستی، و فساد برآمده از آز ($) را به گشاده‌دستی
تبدیل کنیم.

۸۵

هنگامی که دوران آرامش را می‌چشیم، تنها یک روش برای صلح درونی و بیرونی وجود دارد، تنها یک راه باثبات وجود دارد که می‌توانیم بر آن بدون ترس از افتادن قدم بگذاریم، تنها یک مورد است که به ما امکان ایجاد ارتباطی شفاف در بین تمامی اقشار انسانها را می‌دهد: پیدا کردن این راه مشکل است ولی این راه حقیقی از تیغه‌ها و دره‌ها مبری است.

از آنجایی که اساساً با $\sqrt{2}$، ۲ و یا عبارتی چندگانه طرف هستیم، تنها
یک بنیان **رادیکال** و اصلی وجود دارد که بقای ما را در مقابل نیستی
بیمه می‌کند؛[۳۲] تنها یک تدبیر وجود دارد که احترام و عدالت را برای
ما به ارمغان می‌آورد؛ تنها یکی است که به حقیقت، زندگی را ارج
نهاده و تمامی زخم‌ها را التیام می‌بخشد.[۳۳]

۸۹

از آنجایی که این آرمان دست‌یافتنی، به سان پیدا کردن سوزنی میان انبارِ کاه می‌ماند، این آگاهی نفس اماره ما را خراشیده و حفره‌ای در آن ایجاد می‌کند. چرا که به ما یادآور می‌شود که تا چه حد راحت می‌توانیم "نکات اصولی" را فراموش کرده و انسانی **ریاکار و سرزنشگر** باشیم. چرا که سرزنش دیگران بسیار آسانتر از آن است که ایرادهای خود را آشکار کنیم، ساده‌تر می‌توان خشونت را با خشونت جواب داد تا با نشان دادن روی دیگر صورت [توضیح مترجم: اشاره به سیلی خوردن حضرت عیسی مسیح]، فراموش کردن آرمانهای حیاتی‌مان آسانتر از محمل دادن به آنهاست، چرا که شاید به بر باد دادن سرمان و یا برگذاشتن تاجی از خار بیانجامد [توضیح مترجم: اشاره به مصلوب شدن حضرت عیسی مسیح]۳۴.

راه حل، پس این است که جسورانه راه خیالی را با راه ناممکن عوض
کنیم، یعنی ریشه منفی را با موردی با احتمال اندک اما حقیقی،
یعنی ریشه مثبتِ مثبتها (خوبیها)[۳۵]، تا شاید تمامی ما با به
اشتراک گذاشتن استعدادهای بیشمار و دلهای بیریایمان، بتوانیم
قدرت یگانگیبخشِ ازخودگذشتگی را پذیرفته و به وتر باارزش و
مفیدی پناه بریم که از آسانترین معادله $X = Y$ تبعیت میکند.[۳۶]

۹۳

به راستی که این دعوت ساده است. بر ما، تمام شهروندان جهان، است که گوش فرا داده تا بتوانیم امیدمان را محقق کنیم، تا بتوانیم با آگاهی و متانت، یعنی کمالِ **عشق**، وطنی باثبات بنا گذاشته و دستِ آخر با هم و به دورهم، دوباره همبازی شویم.

پس‌درآمد

این داستان در حکم فراخوانی اضطراری است به همدلی، برابری، و عشق، هنگام «تلاطم‌های» جهان امروز. اضطراری بودن آن چند دلیل دارد. به طور مشخص، بسیاری از برادران و خواهران ما در این جهان، به ملزومات ضروری برای زنده ماندن دسترسی ندارند. همچنین قوانین فیزیک به ما هشدار می‌دهند که اگر بگذاریم تیغه‌ها بیشتر و بیشتر تکثیر شوند، در این جهانِ بیش از پیش درهم تنیده، خطر فروپاشی عمومی انسان را تهدید می‌کند.

در برابر ما، پادزهر واقعی برای ترس‌ها و دلهره‌هایمان در نقش تعادل و عدالت ذاتی یک خط یک-به-یک مجسم شده است. این پادزهر، آرامش همگانی را در بر دارد در برابر شیطان‌های جهانی مانند خودخواهی، فساد، و طمع، که از گذشته‌های دور دل‌های افراد را بیمار کرده‌اند. در برابر وجدان هر یک از ما، چه به طور شخصی و چه به صورت جمعی، وظیفه‌ای قرار دارد: بازسازی تمدنی از عشق، برگرداندن احترام انسان، اعتراف به اشتباهات و درست کردن آنها، پخش آزادانه منابع و استعدادها، و برگزیدن صلح جهانی به جای جنگ.

در روزگاری که ترس از فعالیت‌های تروریستی ما را به سمت راه حل‌های خشونت‌آمیز و یا اقتصادی در برابر خباثت جهانمان سوق می‌دهد، پسندیده است که راه متعادل شکوفایی و بازسازی کامل جهان انسانیت را درک کنیم که همانا همواره، محبت و دوستی بوده است. چرا که همانطور که علم مدرن به ما گفته و خردمان نیز آن را تأکید می‌کند، تنها در سادگیِ باشکوه "وتر" است که همگی می‌توانیم آزادی واقعی و آرامش ماندگار را داشته باشیم.

روزی مردی نزد عیسی (ع) آمد و پرسید: «استاد، چه کار نیکویی انجام دهم تا حیات جاویدان داشته باشم؟» پاسخ داد: «چرا دربارهٔ کار نیکو از من سؤال می‌کنی؟ تنها یکی هست که نیکوست. اگر می‌خواهی به حیات راه یابی، احکام را به‌جای آور.»آن مرد پرسید: «کدام احکام را؟» عیسی گفت: «قتل مکن، زنا مکن، دزدی مکن، شهادت دروغ مده، پدر و مادر خود را گرامی‌دار، و همسایه‌ات را همچون خویشتن محبت نما.» آن جوان گفت: «همهٔ این احکام را به‌جای آورده‌ام؛ دیگر چه کم دارم؟» عیسی پاسخ داد: «اگر می‌خواهی کامل شوی، برو و آنچه داری بفروش و بهایش را به تنگدستان بده که در آسمان گنج خواهی داشت. آنگاه بیا و از من پیروی کن.» جوان چون این را شنید، اندوهگین شد و از آنجا رفت، زیرا ثروت بسیار داشت. آنگاه عیسی به شاگردان خود گفت: «آمین، به شما می‌گویم، راه یافتن ثروتمندان به پادشاهی آسمان بس دشوار است. تأکید می‌کنم که گذشتن شتر از سوراخ سوزن آسانتر است از راهیابی شخص ثروتمند به پادشاهی خداوند.»

جوان ثروتمند

انجیل متی ۲۴-۱۶:۱۹

راه حل

همانگونه که در تمام این مدت به طور ضمنی اشاره کردیم، تنها راه‌حل مطرح شده در اینجا، عشق **عیسی مسیح** است، وسیله رستگاری از سمت پروردگار؛ او که دستانش را بر صلیب باز کرد، **X = Y**، و تاج خاری بر سرگذاشت از آبشیب‌های معصیت‌های ما. اوست "راه، حقیقت، و زندگی" (انجیل جان ۶:۱۴)؛ همبستگی و عشق کامل (جان ۱۰:۳۰)، **۰٫۹۹۹... = ۱**، همیشه مثبت و با گذشت؛ شاهزاده صلح (بنی اسراییل ۹:۵)؛ سرپناه ما در برابر باد (بنی اسراییل ۳۲:۲)؛ کسی که ما را به دروازه‌های باریک می‌خواند (.) (انجیل متی ۷:۱۳)، ما را به بخشندگی فرمان می‌دهد (هفتاد ضربدر هفت بار، چنانکه در دومین مرحله آبشیب ناهموار نمایش داده شده) (انجیل متی ۱۸:۲۲)، و ما را دعوت کرده تا با عشقمان شناخته شویم (انجیل جان ۱۳:۳۵)؛ و کسی که با او زندگی ابدی ممکن است (انجیل جان ۳:۱۶).

بله، دشمن شیطان است، آن مار باستانی (کتاب پیدایش ۵-۳:۱)؛ پدر تمامی دروغها (انجیل جان ۸:۴۴)؛ **۰٫۶۶۶... = ۲/۳**، همیشه منفی چرا که "هیچ حقیقتی در او وجود ندارد" (انجیل جان ۸:۴۴)، "حاکم قدرت هوا" (نامه به افِسُسیان ۲:۲) که برعکس عیسی مسیح، با بادهای متلاطمش ما را پراکنده می‌کند (انجیل متی ۱۲:۳۰)؛ "حاکم جهان مادی" (انجیل جان ۱۲:۳۱)، که همیشه گرد و خاک می‌خورد (بنی اسراییل ۶۵:۲۵)؛ و قاتل مغلوب که زمان بازگشت عیسی "بر باد خواهد رفت" (۲ تسالونیکیان ۲:۸).

این نمادها جهانی‌اند، چرا که انتخاب‌های ما را نشان می‌دهند: راستی در برابر دروغ، نور در برابر تاریکی، زندگی در برابر مرگ. همانگونه که پطرس حواری، از

حواریون عیسی (ع)، نشان داد. وی سه بار آشنا بودن با عیسی (ع) را حاشا کرد تا خروس دو بار بانگ برآورد ...۰٬۶۶۶ = ۲/۳، (انجیل مارک ۷۲-۱۴:۶۶) و بعدتر سه بار اعتراف کرد به شناختن عیسی ...۰٬۹۹۹ = ۱ (انجیل جان ۱۷-۲۱:۱۵)، ما دعوت شده‌ایم که در عشق عیسی بمانیم (انجیل جان ۷:۱۵) (و نه تنها سه بار!) و با **روح حقیقت** هدایت شویم (انجیل جان ۱۶:۲۱) شاید که بتوانیم به **پدر** برسیم (انجیل جان ۱۴:۶)، و به **مبدأ**. چرا که به تلخی، در زمان مصلوب شدنش، از ساعت ۶ام تا ۹ام تاریکی بود، و در ۹امین ساعت عیسی جان تسلیم کرد (انجیل مارک ۳۷-۱۵:۳۳)؛ و پرده‌ای آویخته در معبد از وسط پاره شد (انجیل لوقا ۲۳:۴۵) تا راه حل بی‌عیب خداوند را به ما بنمایاند: حالت متعادل و مستحکم **پنجاه-پنجاه** که ما می‌توانیم به آن برسیم با دوست داشتن بدون شرط خدا و یکدیگر. ۳۷

وتر

با آگاهی علم
به سادگی هوا را تقسیم می‌کند،
تا گرمایش را بپراکند
و آبشیبی لطیف را بازسازی کند.

تلاطم بازی‌ایست خودخواهانه
چرا که یگانگی را متلاشی ساخته،
و توالی آن فراهم‌کننده چهارچوبی است
برای گزینه‌های جهانی.

دو گزینه در برابر ما
دو راه در پیش رو
یکی طولانی‌ترین است
دیگری مستقیم.

ما راه مستقیم را می‌پیماییم
و یا اضلاع را،

ما مصمم می‌رویم

و یا اینکه با درد می‌رویم.

با قدم برداشتن در همواری،

و یا پیمودن راه در تیغه‌ها،

ما در روشنی سفر می‌کنیم

و یا وحشتی بی‌همتا را تجربه می‌کنیم.

مشوق یگانگی‌ست

و بانگ تناسب،

کلید بخشش است

و هدف پندار حقیقی.

در خباثت سرگردان

هرگز ثمری وجود ندارد،

اما در فروتنی فراوان

ریشه‌ها را خواهیم دید.

بهانه‌ای وجود ندارد.

گوش فرا ده دوست من:

راه یا وتر است،

یا راه اضلاع.

راه حلی نیست

مگر رفتن مستقیم:

برآمدگی تیغه‌ها

راه را نشان می‌دهند.

نیکوترین راه موجود است،

راه آشکارا هموار.

تنها از مسیر وتر است،

و قدم گذاشتن در راه حق.

تنها یک راه حل است،

تو را راست می‌گویم.

تنها از مسیر وتر است،

و قدم گذاشتن در حق.

چرا که راه‌های دیگر
ما را گمراه می‌کنند.
تنها از مسیر وتر است،
راه دگری نیست.

گوش فرا ده، برادرم،
بیا تا روز را روشن کنیم.
تنها از مسیر وتر است،
راه دگری نیست.

در غیر این صورت، ابلیس
پای‌ها را می‌کشد به راه دگر.
تنها از مسیر وتر است،
وگرنه از راه اضلاع.

چنین جاده‌ای از هم گسیخته است،
تا هر آن کجا که شاید.
تنها از مسیر وتر است،
وگرنه از راه اضلاع.

بیایید درهم شکسته را مرمت کنیم،

تا ریشه بدوانیم.

تنها از مسیر وتر است،

راهی که ثمره می‌دهد.

بیایید تعادل را نگاه داریم،

و از ابر سیاه بپرهیزیم.

تنها از مسیر وتر است،

راهی که ثمره می‌دهد.

گوش فرا ده، خواهرم،

نصیحتی از علم.

تنها وتر است:

ساده‌ترین طرح ...

بهتان می‌گویم متحد شوید،

آن را به اقبال مسپارید.

تنها وتر است:

ساده‌ترین طرح ...

تنها وتر است:

ساده‌ترین طرح ...

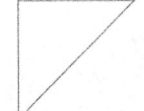

۶۰۹

شش، صفر، نه، شعری عزیز
اعداد آشکار می‌شوند تمام روز،
شش، صفر، نه، بانگی پاک
نمادها دعوتمان می‌کنند به عشق.

از شش تا شش
چرخیدن در درون،
از شش تا شش
رو به پایین می‌روم.

از شش تا شش
تقسیم شدن خودخواهانه،
از شش تا شش
دروغگویی بی‌پایان.

از شش تا شش
سعی در گل رز بودن،
از شش تا شش

تنها خاری تیز بودن.

شش، صفر، نه، شعری عزیز
اعداد آشکار می‌شوند تمام روز،
شش، صفر، نه، بانگی پاک
نمادها دعوتمان می‌کنند به عشق.

از شش تا صفر
بر سرعتم می‌افزایم،
از شش تا صفر
توفان هدایت نخواهد کرد.

از شش تا صفر
دگر به بعد موکول نکردم
از شش تا صفر،
دست آخر جبران کردم.

از شش تا صفر
صلح را تجربه کردم

از شش تا صفر

از تنهایی رها شدم.

شش، صفر، نه، شعری عزیز

اعداد آشکار می‌شوند تمام روز،

شش، صفر، نه، بانگی پاک

نمادها دعوتمان می‌کنند به عشق.

از صفر تا نه

چرخش وارونه گشت،

از صفر تا نه

جرأت دوست داشتن دیگران را یافتم.

از صفر تا نه

به نماز توسل جستم،

از صفر تا نه

مرمت‌گر شدم.

از صفر تا نُه

بینهایت آزادانه جاری شد،

از صفر تا نُه

یگانگی در من رشد کرد.

شش، صفر، نه، شعری عزیز

اعداد آشکار می‌شوند تمام روز،

شش، صفر، نه، بانگی پاک

نمادها دعوتمان می‌کنند به عشق.

از نُه تا نُه

واقعیتم را بافتم،

از نُه تا نُه

تمامیتش را به رویا دیدم.

از نُه تا نُه

بر طمع چیره شدم

از نُه تا نُه

بذری جدید پاشیدم.

از نُه تا نُه

با وجود غرضی آشکار،

از نُه تا نُه

می‌دانم در آنجا نوری هست.

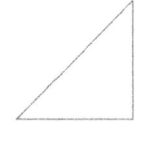

شش، صفر، نه، شعری عزیز

اعداد آشکار می‌شوند تمام روز،

شش، صفر، نه، بانگی پاک

نمادها دعوتمان می‌کنند به عشق.

Y = X

Y = X

عدالتی که روشنی می‌آورد،

تعادلی که خیره می‌سازد:

Y = X.

Y = X

رابطه‌ای کاربردی،

همداستانی گرانقدر:

Y = X.

Y = X

واقعیتی که بالنده می‌شود،

چرخشی که پاینده‌ست:

Y = X.

Y = X

محلی بی‌غش برای استراحت

حالت با شکوه و عظمت:

Y = X.

Y = X

صیقل داده شده با شکوه،

کبوتری تابناک:

$Y = X$.

$Y = X$

راهی کوتاه و دقیق

تنیدن تار و پود حقیقت:

$Y = X$.

$Y = X$

آینده‌ای بخشنده،

علم شهسواری است:

$Y = X$.

$Y = X$

نغمه‌ای‌ست لطیف،

منبری است بی‌طرف:

$Y = X$.

$Y = X$

تماما بیگناهیِ مورد عنایت است،

باغی‌ست بدون گیاهی هرز:

$Y = X$.

$Y = X$

نشانه‌ای ساده و شفاف،

یک طرح فرهمند:

$X = Y.$

$X = Y$

اخوتی شفادهنده،

تنوعی سرپناه‌دهنده:

$X = Y.$

$X = Y$

آغوشی نجیب،

خوبی آری گفتن:

$X = Y.$

$X = Y$

لبخندی آموزنده،

چرخشی پاک‌کننده:

$X = Y.$

$X = Y$

مهربانی درونمان،

خوبی همیشه پایدار:

$X = Y.$

$X = Y$

الهامی که بانگ می‌دهد،

رشد کردن برای کوچک ماندن:

$Y = X$.

$Y = X$

قلمرویی فراموش شده،

داستانی بعید:

$Y = X$.

$Y = X$

الهامی آشیان‌دهنده،

تسلیم ساختن بقیه:

$Y = X$.

$Y = X$

شیبی بدون غبار

خطی باریک و پایدار:

$Y = X$.

$Y = X$

انکار تمام تیرها،

تجربه کردن زندگی بدون ترس:

$Y = X$.

$Y = X$

بخشش جاودانی،

زندگی خالص بدون فساد:

.Y = X

Y = X

تنها درمان کامل،

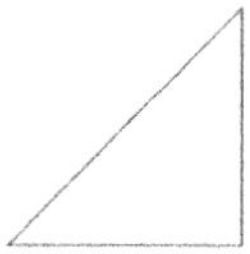

دوست داشتنِ حتی دشمن:

.Y = X

۱۱۷

سپاسگزاری

این کتاب و رساندن پیام مساوات "وتر" در گردهم‌آیی‌ها، کلاس‌ها و صحبت‌های بداهه در جلسات، بدون نقد و کمک بسیاری از دوستان ممکن نبود. سپاسگزارم از حمایت سخاوتمندانه دانشجویان و همکارانم در دانشگاه کالیفرنیا، و دوستان و همکارانم در سراسر دنیا.

ایده‌های عنوان شده در اینجا، در طول بحث‌های ارزشمندی با این افراد به تکامل رسید: مارتا، کریستینا و ماریانا پوئنته، کارلوس و کانستانزا پوئنته، پاتریشیا پوئنته، هوان کارلوس و ایلیا دی زوبیریا، ماریو، شیومارا، اندرس کامیلو و سیلویا ماریا دیاز گرانادوس، انریکه، گلوریا، خورخه و فرناندو خولیاو و کریستینا پوئنته، استیو بنت، ژرمان ویوس، کارولاینا دوران، مایک تنسی، جو ویتن، کامیلو برنال، اندرو کافوی، ریچارد بلین، بیلی سیوکومار، خورخه پینزان، ماریا ایزابل اسکوبار، نلسون اوبریگان، اندریا کورتیس، کارلوس روئدا، ایکین اورهان، نلز رود، خوزه کنستنتین، ژان فلکنستاین، فریبا سیرجانی، ریچارد بروس، کارن بردیگان، مارک گریسمر، توماس بویی، مارتا وانیزینا، والتر و لوسی داک، فرناندو دوئارته، لویس سنچز، ماریا خوزه برینگوئر، خایرو اوریبه، کارلوس مولینا، رامون لاماس، مارک پارلانگه، ورنه اسکات، توماس هارتر، جو استاسالات، بری گان، کیت بون، ویت کلمس، پی کی باتاچاریا، دیوید دیونیسی، استیو گراتان، وس والندر، گرهارد اپکه، هایی-ساین هوانگ، و جولیا-روز پدیلا و دیگران.

هنر تصویر سازی زیبای فرناندو دوئارته، و هوان-ساین هوانگ، و ترغیب دوستانه استیو بنت بسیار مایه تقدیر است.

در انتها شایان ذکر است که نسخه فارسی این کتاب به کمک موژان طوفان، بهنام پورنادر، و کاوه زمانی تهیه شده است.

یادداشتها

۱. این دینامیک را به راحتی می‌توان با خمیر مجسمه‌سازی مدلسازی و درک نمود، تنها باید توجه کنید که عرض آن ثابت بماند. اگر ارتفاع بلوک اولیه یک واحد باشد، دیگر مستطیل‌های نشان داده شده، با طول ۱/۲ به ترتیب مساحت ۰٫۰۷ و ۰٫۰۳ دارند، ارتفاع ۱٫۰۴ و ۰٫۰۶ واحد خواهند داشت. دلیل این موضوع این است که مساحت مستطیل برابر با حاصلضرب طول در عرض است.

۲. مساحت چهار مستطیل مطابق با اتحاد جبری $(p+q)^۲$ به دست می‌آید، که برابر است با $p^۲$ ، به علاوه دو برابر pq، به علاوه $q^۲$، در حالی که $p = ٪۷۰$ و $q = ٪۳۰$ هستند. پس این مستطیل‌ها طول‌هایی مساوی و برابر با یک چهارم داشته و ارتفاع آنها از چپ به راست برابر با $۴p^۲$، $۴pq$، $۴pq$ و $۴q^۲$ است.

۳. هشت مستطیل نشان داده شده مساحت‌هایی دارند که با اتحاد جبری $(p+q)^۳$ به دست می‌آیند. چهار لایه آنها مطابق با مساحت‌های $p^۳$، $p^۲q$، $pq^۲$ و $q^۳$ تعریف شده، که به ترتیب یک بار، سه بار، سه بار، و یک بار اتفاق می‌افتند. توجه کنید که چگونه، بر خلاف مرحله پیشین، مستطیل‌ها دیگر از بلندترین به کوتاه‌ترین مرتب نشده‌اند، چرا که دو مرحله میانی با هم هم‌پوشانی دارند.

۴. این آبشیب مضربی به وضوح در توانهای زوج اتفاق می‌افتد. هنگامی که تا n مرحله تکرار شد، تعداد ۲^n مستطیل با طول $۱/۲^n$ درست خواهد کرد که مساحت آنها را می‌توان از $(p+q)^۲$ به دست آورد. این پدیده $(n+۱)$ مرحله به شدت در هم تنیده p^n، $p^{n-۱}q$، ... ، q^n به ما می‌دهد که با مثلث پاسکال تطابق دارند:

۱

۱ ۱

۱ ۲ ۱

۱ ۳ ۳ ۱

۱ ۴ ۶ ۴ ۱

...

برای مرور مثلث پاسکال و آبشیب مضربی، لطفاً به کتاب «آشفتگی و برخالها، مرزهای جدید علم»[۱] یا کتاب «برخالها»[۲] رجوع کنید.

۵. از آنجایی که بزرگترین مساحت پس از n مرحله برابر با p^n بوده و از آنجایی که طول چنین مستطیلی $۱/۲^n$ است، عرض آن برابر با $(۲p)^n$ خواهد بود. ارزش کمی آن ۵۶٫۶۹ خواهد بود هنگامی که $p = ۰٫۷$ و $n = ۱۲$ باشند.

۶. صحت این موضوع به راحتی توسط مثلث پاسکال قابل واسنجی است، چنانکه در یادداشت شماره ۴ (در بالا) توضیح داده شد. زمانی که $n = ۱۶$، هفت لایه

---

[۱] H.-O. Peitgen, H. Jürgens, and D. Saupe, *Chaos and Fractals, New Frontiers of Science*, Springer- Verlag, ۱۹۹۲

[۲] J. Feder, *Fractals*, Plenum Press, ۱۹۸۸

بالایی از $۱ + ۱۶ + ۱۲۰ + ۵۶۰ + ۱٫۸۲۰ + ۴٫۳۶۸ + ۸٫۰۰۸ = ۱۴٫۸۹۳$ مستطیل درست شده‌اند که به ۲۲٫۷٪ ، $۶۵٫۵۳۶ = ۲^{۱۶}$ از جمعیت تقسیم شده‌اند. با استفاده از محاسبه زیر، مجموع مساحت این مستطیل‌ها برابر با ۸۲٫۵٪ از ثروت است.

$$(۰٫۷)^{۱۶} + ۱۶ \times (۰٫۷)^{۱۵}(۰٫۳) + ۱۲۰ \times (۰٫۷)^{۱۴}(۰٫۳)^{۲} + ۵۶۰ \times (۰٫۷)^{۱۳}(۰٫۳)^{۳} + ۱٫۸۲۰ \times (۰٫۷)^{۱۲}(۰٫۳)^{۴} + ۴٫۳۶۸ \times (۰٫۷)^{۱۱}(۰٫۳)^{۵} + ۸٫۰۰۸ \times (۰٫۷)^{۱۰}(۰٫۳)^{۶} = ۰٫۸۲۵ = ٪\ ۸۲٫۵$$

۷. این ساختار را نیز به راحتی می‌توان با خمیر مجسمه‌سازی مدلسازی کرد. در این قسمت، دو مستطیل نشان داده شده، با مساحت ۱/۲ و طول ۱/۳، ارتفاعی برابر با ۳/۲ واحد عمودی دارند.

۸. این نمودار از همان تناسب چاله‌ای استفاده می‌کند، که برابر است با یک سوم از یک سوم (یک نهم) در سطح دوم، یک سوم از یک نهم (یک بیست و هفتم) در سطح سوم، ... و غیره. به وضوح، این آبشیب مضربی، در توان دو هم اتفاق می‌افتد. هنگامی که n بار تکرار شد، تعداد ۲^{n} مستطیل نابرابر با مساحت $۱/۲^{n}$ پدید می‌آورد، که طول و عرض معمول‌شان به ترتیب $۱/۳^{n}$ و $(۳/۲)^{n}$ است.

۹. مجموعه نقاط فصل که در آن (بینهایت) نقاط تیغ‌مانند متمرکز می‌شود، مجموعه (سه گانه) کانتور نامیده می‌شود که نام آن از ریاضی‌دان آلمانی جورج کانتور برگرفته شده که این مسأله را در سال ۱۸۸۳ برای اولین بار بررسی کرد. این مجموعه، که همچنین به دلیل عدم پیوستگی از آن به عنوان غبار کانتور هم یاد شده، نمونه اولیه یک گروه بَرخالی است که از آن در بسیاری از علوم کاربردی اعم از فیزیک، اقتصاد، و حتی زیست‌شناسی استفاده می‌شود.

برای خواندن یک متن مقدماتی جالب از بَرخال‌ها، می‌توانید به کتاب «معرفی هندسه برخالی»[3] مراجعه فرمایید. برای بررسی کامل این موضوع به کتاب «هندسه برخالی طبیعت»[4] رجوع کنید.

۱۰. همانند نکته ۸، ارتفاع مشترک بعد از دوازده مرحله برابر است با $(۳/۲)^{۱۲} = ۱۲۹٫۷۵$.

۱۱. می‌دانیم که توزیع ثروت و درآمد در سطح جهان به شدت چولگی دارد. به واقع، همانگونه که این موضوع را می‌توان به سادگی نشان داد، الحاق مقادیر به دست آمده از نخستین آبشیب هنگامی که $n = ۲۰$ و $p = ۰٫۷$، همانطور که در نکته ۴ و ۶ نیز تعریف شد، به میزان زیادی با ثروتِ ثروتمندترین ۵، ۱۰، ۲۰ و ۴۰٪ جامعه در ایالات متحده آمریکا، (طبق آمار ۱۹۹۸)، تطابق دارد، یعنی، به ترتیب، ۵۹ (۵۷)، ۷۱ (۷۰)، ۸۴ (۸۴)، و ۹۵٪ (۹۵) از منابع، با آبشیبی که مقادیر آن در پرانتزها نشان داده شده است. البته ثروت پول‌دارترین ۱٪، در این آبشیب کمتر و برابر با ۳۸٪ (۳۰) تخمین زده شده است.

توزیع ثروت در کشورهای مختلف جهان ممکن است با آبشیبهای مضربی که عمومی‌تر هستند مطابقت داشته باشد که این باعث تشکیل تیغه‌ها و هم غبار می‌شود. برای به دست آوردن این آبشیب، جِرم را باید (در صورت نیاز) به بیشتر از دو قسمت تقسیم کرده و در حد امکان، مقادیر مضربی مشخصی را برای هر مرحله انتخاب نمود. این راهکار، قطعاً با هرگونه توزیع ثروتی تطابق دارد که دارای یک شاخص جینی[5] دلخواه بین ۰ تا ۱ باشد، همانگونه که در علم اقتصاد تعریف شده، وقتی که صفر نمایانگر برابری، و یک نمایانگر تمرکز ثروت در یک فرد است.

---

[3] N. Lesmoir-Gordon, W. Rood, R. Edney, *Introducing Fractal Geometry,* Totem Books, ۲۰۰۰

[4] B. B. Mandelbrot, *The Fractal Geometry of Nature*, W. H. Freeman, ۱۹۸۲

[5] Gini Index

برای آمار مربوط به توزیع ثروت در جهان، می‌توانید به کتاب «ثروت و دموکراسی»[۶]، کتاب «ثروت در آمریکا»[۷]، کتاب «پایان فقر»[۸] و یا به سایت www.globalpolicy.org مراجعه فرمایید.

۱۲. برای دسترسی به گزارشهایی شفاف از وضعیت دموکراسی در جهان، می‌توانید به کتاب «تناسب غیرآرمانی»[۹]، کتاب «کوچک زیباست»[۱۰]، و یا «سیاست خدا»[۱۱] و یا منابع ارجاع شده در آنها مراجعه فرمایید.

۱۳. مجموعه‌های تیغ از اولین آبشیب به دست آمده از ارتفاعی مشخصی، همان ساختار (بَرخالی) ناهمجوار آبشیب دوم را دارند، اما ابر غبار آنها، از هر لایه تا لایه‌ای دیگر، به طور ناهمگونی پراکنده شده است. چگالی‌های آنها، همانطور که بر اساس جفت‌ها طبق مثلث پاسکال تعریف شده، با تغییر اندازه چاله‌های آبشیب دوم از یک سوم تا مقدار فرضی h به‌دست می‌آید، به طوری که لایه‌های با چگالی بیشتر با چاله‌های کوچکتر ظاهر می‌شوند و بلعکس.

این مشاهدات مبین آنند که چگونه این دو آبشیب، یعنی دو دروغ، **دست آخر رابطه تنگاتنگی با یکدیگر داشته** و نیز نشان می‌دهند که چرا این پی‌آمد با نام چندبرخالی شناخته می‌شود. برای آشنایی بیشتر با چندبرخالی‌ها، می‌توانید به کتاب «برخال‌ها»[۱۲] و کتاب «برخال‌ها، آشفتگی، قوانین قدرت»[۱۳] مراجعه فرمایید.

---

[۶] K. Phillips, *Wealth and Democracy*, Broadway Books, ۲۰۰۲
[۷] L. A. Keister, *Wealth in America*, Cambridge University Press, ۲۰۰۰
[۸] J. D. Sachs, *The End of Poverty*, The Penguin Press, ۲۰۰۵
[۹] V. Kleme˘s, *An Imperfect Fit*, Trafford, ۲۰۰۳
[۱۰] E. F. Schumacher, *Small is Beautiful*, Blond & Briggs Ltd, ۱۹۷۳
[۱۱] J. Wallis, *God's Politics*, Harper San Francisco, ۲۰۰۵
[۱۲] J. Feder, *Fractals*, Plenum Press, ۱۹۸۸
[۱۳] M. Schroeder, *Fractals, Chaos, Power Laws*, W. H. Freeman, ۱۹۹۱

۱۴. با وجودی که ایده دو آبشیب، تکاپوی انباشت ثروت را به طور کامل توضیح نداده و تنها تصویری از بازه‌های زمانی (نکته ۱۱) را نشان می‌دهند، بدون خفیف کردن پیشرفت‌های صنعتی که باعث بالا رفتن استانداردهای زندگی شده، از وضعیت آبشیبهای ناهموار فوق می‌توان، مدلی برای بهتر فهمیدن پیشروی این شکاف و غبار (برخال) انبوهی استفاده کرد که در صورت ادامه عدم تعادل سرانجام رخ خواهد داد. برای مثال، هنگامی که $p = ۰٫۷$ و $n = ۳۰$ باشد، ثروتمندترین ۵، ۱۰ و ۲۰٪ چنین جامعه‌ای به ترتیب دارای ۷۳، ۸۴ و ۹۲٪ کل ثروت خواهند بود، که افزایش قابل ملاحظه‌ای از مقادیر ۵۷، ۷۰ و ۷۴٪ است که در نکته ۱۱ توضیح داده شد، هنگامی که $n = ۲۰$ بود. اگر $p = ۰٫۷۵$ و $n = ۳۰$ باشد، نابرابری حتی بدتر خواهند بود، چنانکه درصدهای ذکر شده قبلی، به ترتیب ۹۰، و ۹۵ و ۹۸٪ ثروت را خواهند داشت.

برای اطلاعات بیشتر در مورد موضوع بغرنج جهانی‌سازی، می‌توانید به «غالب شدن سکوت: سرمایه‌داری جهانی و مرگ دموکراسی»[۱۴] و «لکسوس و درخت زیتون: درک جهانی شدن»[۱۵] مراجعه فرمایید.

۱۵. همچنانکه خارها در آخر در غبار متمرکز می‌شوند، به واقع سطوح مسطح در همه سو گسترده شده‌اند. طول چنین بخشهایی افقی، L_h، برابر با **یک** واحد است، چرا که طول چاله‌ها

$$L_h = ۱/۳ + ۲ \times ۱/۹ + ۴ \times ۱/۲۷ + \cdots$$

سری هندسی زیر را به ما می‌دهد

$$L_h = ۱/۳ \times \sum_{n=۰}^{\infty} (۲/۳)^n = ۱/۳ \times \frac{۱}{۱ - ۲/۳} = ۱$$

---

[۱٤] N. Hertz, *Silent Takeover: Global Capitalism and the Death of Democracy*, Free Press, ۲۰۰۲

[۱۵] T. H. Friedman, *The Lexus and the Olive Tree: Understanding Globalization*, Anchor Books, ۲۰۰۰

اگر فرد چتربازی که بر این سطح فرود می‌آید به اندازه کافی «کوچک» باشد، بر روی یک فلات مسطح فرود خواهد آمد.

۱۶. خطهایی بر روی نمودار وجود دارند که به نظر شیب‌دار می‌آیند، اما این تنها خطای دید ناشی از تفکیک‌پذیری نمودار است. دست آخر، تمامی این خطوط یا افقی و یا عمودی بوده و بنابراین، طول مرز برابر با **دو** واحد خواهد بود.

۱۷. پلکان شیطانی در سال ۱۸۸۳ توسط جورج کانتور مطرح شد. گسترش هر چاله‌ای، صرف‌نظر از کوچکی و مکان آن در ستون اصلی، به وضوح به ایجاد خارها به روی غبار، پخش شدن سطوحِ مسطح در همه جا، و در نهایت به وجود آمدن پلکان شیطانی می‌انجامد.

۱۸. ابر غبار نشان داده شده (و هر ابر دیگری که حالت $p \neq ۱/۲$ را داشته باشد) یک هیولای ریاضی است؛ یک منحنی پیوسته که هیچ‌جا مشتق‌پذیر نیست. از آنجا که $p = ۰٫۷$ و $q = ۰٫۳$ هر دو کمتر از یک هستند، مقدار (جرم) عمومی یک خار، مانند $p^k q^j$، به صفر متمایل خواهد بود هنگامیکه $k + j$ به سمت بی‌نهایت متمایل باشد، و از این رو، مرز آن در هر نقطه به صورت محلی افقی خواهد بود، چرا که در هر نقطه «هیچ» چیزی اضافه نمی‌شود.

اینکه اولین آبشیب هیولای کوچکتری نیست را می‌شود از این راه هم فهمید اگر به یاد بیاوریم که دروغ دوم که به‌وجودآورنده پلکان شیطانی است، در تمامی لایه‌های خاری به وجود آمده از دروغ اول نیز وجود دارد (نکته شماره ۱۳).

۱۹. اگر چتربازی با چتر بر روی وتر فرود آید، سُر خورده و به نقطه مبدأ خواهد رسید.

۲۰. این مثال به‌خصوص که به رفتار ما برمی‌گردد، البته کاملاً دقیق نیست چرا که ما تعادل را همیشه از یک راه از بین نمی‌بریم. با این حال، ترکیب کردن آبشیب‌ها به ما کمک می‌کند تا عواقب وحشتناک «عدم تعادل‌ها» و «چاله‌ها»یمان را در نظر بیاوریم، چرا که طرح‌های ضمنیِ دارای خار و غبار، متأسفانه قلب‌های خالی ما، ارتباطات متزلزل، جوامع متلاشی، خشونت و جنگ را تصویر می‌کنند.

۲۱. مدل آبشیب برای تلاطم، نخستین بار توسط فیزیکدان صلح‌طلب بریتانیایی لوئیس فرای ریچاردسون در ۱۹۲۲ پیشنهاد داده شد.

۲۲. در واقع یک آشفتگی کاملاً توسعه یافته هنگامی اتفاق می‌افتد که اعداد رینولدز، $\mathrm{Re} = \frac{\mathrm{vL}}{\nu}$ ، به میزان کافی بزرگ باشد (مثلاً بزرگتر از ۲۰۰)، یعنی زمانی که اینرسی وارده از ضرب v در L، که حاصلضرب سرعت در طول است، به شدت بر گرانروی هوا ν چیره شود. چنین حالتی به طور معمول زمانی در اتمسفر اتفاق می‌افتد که سرعت باد از ۲۴ کیلومتر در ساعت بالاتر رود.

برای جزئیات بیشتر در مورد ماهیت تلاطم، لطفاً به کتاب «تلاطم»[16] مراجعه فرمایید.

۲۳. چنانکه برای نخستین بار نویسندگان مقاله «مدل آبشیب ساده چندبرخالی برای آشفتگی کامل شکل گرفته»[17] گزارش دادند، مشاهدات یک بعدی از تلاطم‌های اتمسفری، و دیگر جریانات جمع‌آوری شده در آزمایشگاه، به طور فراگیر با مرتب‌سازی دوباره خارهای به وجود آمده از نخستین آبشیب، زمانی که p دقیقاً ۷۰٪ است همخوانی دارند. قابل توجه است که طبیعت، از افغانستان تا

[16] U. Frish, *Turbulence*, Cambridge University Press, ۱۹۹۵

[17] C. Meneveau and K. Sreenivasan, "Simple multifractal cascade model for fully developed turbulence," *Physical Review Letters*, ۵۹:۱۴۲۴, ۱۹۸۷

زیمبابوه، تیغه‌هایی به وجود می‌آورد که با مثلث پاسکال مطابقت دارند، اما این فرایندی غیرقابل پیش‌بینی است، چرا که بزرگترین گرداب حاصل (دارای ۷۰٪) همیشه در چپ پدیدار نشده، بلکه به صورت اتفاقی گاهی در سمت راست و گاهی در سمت چپ مشاهده می‌شود.

۲۴. با وجود اینکه جهت گردابها به نیم‌کره شمالی یا جنوبی بستگی دارد، جالب است بدانیم که کسر ۲/۳، که حرکت هندسی **درون‌گرای** گردابهای متمادی را نشان می‌دهد، در بیشتر نتایجی که به جریانات متلاطم مربوط است یافت می‌شود. این قانون «دو-سوم» را نیز شامل می‌شود که می‌گوید مربع تفاوت سرعت در دو نقطه درون یک جریان، مرتبط است با فاصله آنها که به توان ۲/۳ رسیده باشد و اینکه ۲/۳، مقدار دو پارامتر آزاد یک مدل آبشیب تصادفی است؛ تعمیم مدلی که در اینجا توضیح داده شد.

برای جزئیات بیشتر، می‌توانید به مقاله «آبشیب تدریجی انرژی و آمار لاگ-پیرسون در تلاطم کامل شکل گرفته»[۱۸] و همچنین کتاب «تلاطم»[۱۹] مراجعه کنید.

۲۵. تصادفاً، «افراد فقیر در کشورهای در حال توسعه و کشورهای کمونیست سابق، دو سوم جمعیت جهان را تشکیل می‌دهند.»[۲۰]

۲۶. η در مقیاس کوچک که استهلاک انرژی در آن رخ می‌دهد به اعداد رینولدز، Re، و به طول اولیه سیستم، $L_{\text{صفر}}$ وابسته است. به طوری که $\eta/L_{\text{صفر}} = Re^{-۳/۲}$. این حالت تعداد مراحل اتلاف انرژی آبشیب‌ها، n، را از

[۱۸] Z. S. She and E. C. Waymire, "Quantized energy cascade and log-Poisson statistics in fully developed turbulence," *Physical Review Letters*, ۷۴:۲۶۲, ۱۹۹۵
[۱۹] U. Frish, *Turbulence*, Cambridge University Press, ۱۹۹۵
[۲۰] H. de Soto, *The Mystery of Capital*, Basic Books, p. ۷۴, ۲۰۰۰

معادله $Re^{-۳/۲} \approx ۱/۲^{n}$ مشخص می‌کند، که برای مقدار $Re = ۲۵۶$، عدد $n = ۱۲$ و برای مقدار $Re = ۳۶۵٫۶۵$، عدد $n = ۲۴$ را به دست می‌دهد.

۲۷. به منظور وارونه کردن مارپیچ پایین‌رونده تلاطم، رینولدزها باید کوچک باشند. این به معنی پایین آوردن «سرعت زندگی‌هایمان»، کاستن از «طول شخصیتی‌مان»، و افزایش «گرانروی‌مان» است.

۲۸. این مسأله به راحتی قابل اثبات است. از $x = ۰٫۹۹۹ ...$ خواهیم داشت $۱۰x = ۹٫۹۹۹ ...$. آنگاه از تفریق این دو مقدار به ما معادله ساده $۹x = ۹$ می‌رسیم که $۹٫۹۹۹ ... = ۱$ را به دست می‌دهد.

۲۹. ماهیت دو مارپیچ عمومی را شاید بهتر بشود درک کرد اگر که آن را در مختصات قطبی بسنجیم. در حالی که بر اساس اصول ریاضی مارپیچ طبیعی با معادله $r = e^{-\theta}$ بیان می‌شود، که در آن r نمایانگر فاصله از مبدأ و θ نمایانگر زاویه (پادساعت‌گرد) از محور مثبت x است، ولی معادله مارپیچ محبت‌آمیز برابر است با $r = e^{\theta} = e^{+\theta}$، زمانی که مثبت بودن اغلب بدیهی پنداشته می‌شود.

۳۰. از آنجا که سرانجام در یک آبشیب متلاطم اتلاف انرژی رخ خواهد داد، به هنگام سماجت گرداب‌های خودخواه، تاریکی پدید می‌آید. از این حالت تنها زمانی می‌توان پرهیز کرد که مارپیچی مثبت غالب باشد.

۳۱. این مشاهدات غیرعادی را می‌توان با اضافه کردن دو مارپیچ بر روی ساعتی مشاهده کرد که مارپیچ منفی هنگام حرکت به سمت مرکز، مسافت مشخصی را طی می‌کند، در حالی که مارپیچ مثبت تا ابد می‌تواند حرکت کند.

۱۲۹

برای آشنایی بیشتر با توابع نمایی، می‌توانید به کتاب «داستان یک عدد»[۲۱] مراجعه کنید.

۳۲. از آنجایی که یک آبشیب طبیعی نمی‌تواند تا ابد ادامه یابد (مراجعه کنید به یادداشت ۲۶)، بر مبنای قوانین فیزیک منطقی است که عمداً «طرح هرمی» فراگیر موجود در آبشیب غالب را معکوس کنیم تا از اتلاف جهانی (نکته ۱۴) پرهیز شود. چرا که حتی اگر ما مقدار «عدد جهانی رینولدز» را ندانیم، بی‌عدالتی و تروریسم را تنها نمی‌توان با سوداگری خودخواهانه سرکوب نمود، بلکه باید با آنها از طریق تقسیم جسورانه منابع طبیعی و انسانی بین افراد و ملیت‌های «فقیر» و «ثروتمند» مقابله کرد.

۳۳. توجه کنید که چگونه شعارهایی همچون «افراد متحد هرگز شکست نمی‌خورند»، «همه با هم ایستاده‌ایم» و «ما بهترینیم»، همه در مساوات ریشه دارند.

۳۴. همانطور که همه می‌دانیم، در قلبهای همه ما محوری از شرارت جا دارد. پس بر عهده تک تک ماست تا وظیفه خود را انجام دهیم. جالب این است که ما می‌توانیم با رها ساختن خود از وضعیت‌های مافوق و مادون و تنها با تأثیر "جاذبه"، به بهترین مقصدها رهنمون شویم. این از آن رو است که سطح ضمنی، (علی‌رغم هموار بودن در نقطه حد) به میزان معینی از مراحل، صعودی محدب دارد و این خود، پیدا کردن نقطه غیرمحتمل را تضمین می‌کند.

---

[۲۱] E. Maor, e. *The Story of a Number*, Princeton University Press, ۱۹۹٤

۳۵. این مشاهدات در عدد موهومی $i = \sqrt{-1}$ و در معادله ساده (به اعداد رومی) $I = +\sqrt{+1}$ مشاهده می‌شوند. تفاوت بین i کوچک و I حقیقی به‌خصوص در زبان انگلیسی معنای محسوس‌تری دارد.

۳۶. اقتصادی‌ترین حالت با سطح پیوسته صفر بر هر دو آبشیب نمادینه شده است. توجه کنید که $(p + q)^{\cdot} = ۱$ و بنابراین، صفر (پایان یافتن دروغ) به نیروی از خود گذشتگی اشاره کرده و ما را متحد می‌سازد:

$= ۰٫۹۹۹... = ۱$

۳۷. جالب است که هیچ گونه تفاوتی بین آنها که به ۹۹٪ تعلق دارند و چه آنها که به ۱٪ تعلق دارند وجود ندارد، همانطور که بخشش فراگیر خدا در حکایت گوسفند گم شده عیسی (ع) دیده می‌شود: «نظرت چیست؟ اگر فردی صد گوسفند داشته باشد و یکی از آنها گم شود، آیا او نود و نه تا را روی تپه رها نمی‌کند تا به جستجوی آن یک گوسفند برود؟ و اگر پیدایش کرد، آمین، و بدان که او برگشتن آن گوسفند را گرانقدرتر خواهد داشت در مقایسه با آن نود و نه گوسفندی که از راه خود جدا نشدند.» (انجیل متی ۱۳-۱۸:۱۲)

واژه‌شناسی

معادل	واژه
کانتور	Cantor
آبشیب	Cascade
آشفتگی تکامل یافته	Developed turbulence
پلکان شیطان	Devil's staircase
غبار	Dust
گرداب، گردابه	Eddy
بَرخال	Fractal
چاله	Hole
وتر	Hypotenuse
چندبرخالی	Multifractal
آبشیب مضربی	Multiplicative Cascade
خار، تیغ	Thorn